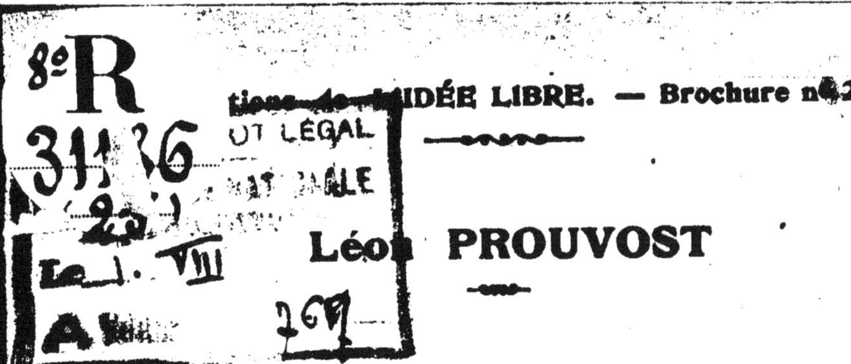

Éditions de l'IDÉE LIBRE. — Brochure n° 25.

Léon PROUVOST

L'Espionnage du Vatican en France

PRIX : 30 centimes

Editions de l'IDEE LIBRE
(A. Lorulot, à Conflans-Honorine, Seine-et-Oise)

1920

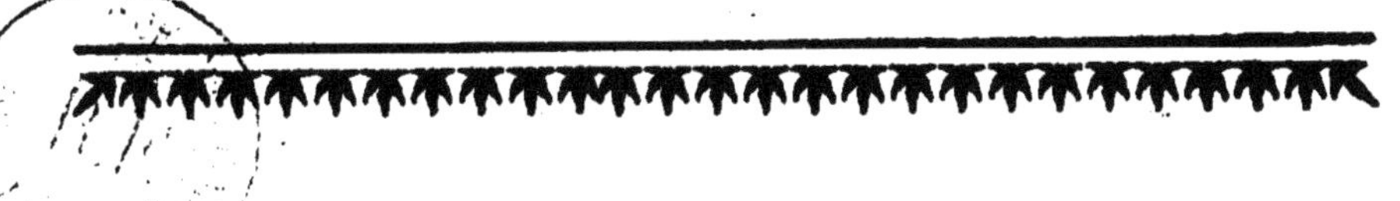

La reprise des relations avec le Vatican nous reporte seize ans en arrière ; il faut revenir en 1904 pour se rappeler les motifs qui ont nécessité à cette époque la rupture avec Rome.

C'est dans « *Les Fiches Pontificales* » de Monsignor Montagnini, ex-auditeur de l'ancienne Nonciature à Paris que je puiserai la plupart des renseignements que je mets sous les yeux de mes lecteurs pour leur édification.

Le 30 juillet 1904, M. Delcassé, ministre des Affaires étrangères, déclarait par lettre au nonce du Pape en France, M. Lorenzelli, que le Chargé d'affaires de France près le Vatican avait ce jour même signifié au cardinal secrétaire d'Etat que le Gouvernement de la République avait décidé de mettre fin à des relations officielles. Il disait, en outre, que le Gouvernement de la République considérait comme terminée la mission du Nonce.

Pour conjurer les effets de ce coup terrible, le secrétaire d'Etat du Pape, M. Merry del Val télégraphiait à M. Montagnini, qui avait servi d'auditeur à l'ex-nonce, son maintien à Paris, tant pour la garde des archives de la nonciature que pour tout ce dont aurait besoin le Saint-Siège.

Qu'était-ce donc que M. Montagnini ? M. Merry del Val se charge lui-même de nous l'apprendre : « Ce grand ministre, avait jugé que le moment était venu pour révéler à la France ce que c'est qu'un nonce, pour mettre dans tout son jour et l'épanouissement de sa splendeur le concept complet d'un diplomate suivant la formule de Pie VI !... Et nous avons alors vu Mr Montagnini agent électoral, marchand de décorations pontificales, surveillant des évêques et des curés, draîneur de l'argent français, espion et délateur, nonce *in partibus* complet !... »

Mais tous les hommes d'Eglise se valent, et le représentant que le Pape nous enverra exercera les mêmes fonctions que MM. Lorenzelli Montagnini et tous ceux qui les ont précédés.

Non seulement, cet agent diplomatique vient en France pour surveiller nos hommes d'Etat, faire œuvre de mouchardage pour le compte des Jésuites installés au Vatican, mais principalement pour surveiller le haut clergé français, et c'est, ce que dans le fond, ne voient pas d'un bon œil nos archevêques et évêques.

Le Nonce a la haute main sur le clergé, et c'est sa principale fonction. C'est le motif pour lequel le Pape tient à avoir dans chaque

Nation son représentant, et c'est là justement le danger pour le pays ; tous les catholiques, quelle que soit leur nationalité, sont enrôlés sous la bannière du Vatican et forment par suite un Etat dans les Etats.

Ce danger avait revêtu un caractère tel en 1904, que le Ministère Combes avait dû signifier la rupture avec le Saint-Siège.

La situation s'est-elle modifiée du fait de la guerre ? Non, au contraire ; les catholiques, plus que jamais redevenus puissants, constituent une force dans un Etat ; mais les intrigues parlementaires, la veulerie populaire, font qu'aujourd'hui les mêmes hommes qui avaient rompu avec le Vatican sont les premiers à trouver qu'il y a nécessité à reprendre les rapports avec Rome.

Le but du présent article n'est pas d'établir les inconvénients et le danger de ce rapprochement, il a pour objet de faire connaître l'œuvre de mouchardage du représentant du Vatican en France. La demeure de celui-ci à Paris n'est qu'un foyer d'intrigues, et c'est ce que les dirigeants n'ignorent pas, mais c'est là aussi que les mensualités, les pots de vin et le système des concussions dont vivent les politiciens s'échaffaudent sur une vaste échelle · les marchandages se concluent sous forme de gratifications, de chèques et de billets bleus ! D'où pour les profiteurs du régime, la nécessité de l'intervention gouvernementale dans les affaires du Vatican !

Puisons maintenant dans les dossiers de la Nonciature. Voici comment ce service de renseignements fonctionnait :

1° Fiches sur les archevêques et évêques.
2° Fiches sur les ecclésiastiques divers.
3° Fiches sur les hommes d'Etat et de Gouvernement.
4° Fiches sur les catholiques et divers.

Telle est la grande division de ce travail et par celui-ci on peut voir l'importance d'un tel service organisé dans chaque Etat. C'est ce qui fait la force de Rome et des Jésuites. Avec une semblable organisation, tous les Gouvernements sont sous la dépendance de Rome. C'était l'honneur de la France et de nos hommes d'Etat qui la dirigeaient en 1904 d'avoir essayé de soustraire le pays à cette domination. Mais le Président Poincaré, l'homme de l'Eglise et de la guerre, la force de l'argent qui corrompt toutes les consciences devaient avoir raison des meilleures dispositions de nos dirigeants et des républicains sincères qui, à cette époque, étaient animés du désir de défendre les institutions laïques. Je reviendrai plus loin sur cette question. Pour le moment, voyons comment le mouchardage papal s'exerce.

dans les Etats qui ont le bonheur de posséder un représentant du Saint-Siège et voyons son fonctionnement. Nous ne prendrons que quelques exemples dans chacune des quatre catégories indiquées ci-dessus, autrement ce travail demanderait un développement trop grand.

1° Fiches sur les Archevêques et Evêques.

Dans le dossier Montagnini, nous trouvons des fiches sur le cardinal Lecot, archevêque de Bordeaux, MMgrs Amette, Dubourg, archevêque de Rennes ; Fuzet, archevêque de Rouen ; Germain, à Toulouse ; Luçon, à Reims ; Mignot, à Albi ; Fulbert-Petit, à Besançon, etc., etc. et sur les évêques, Belmont, à Clermont ; Bonfils, au Mans ; Bouquet, à Chartres ; de Briey, à Meaux ; Foucault, à Saint-Dié ; Geay, à Laval ; Le Camus, à la Rochelle ; Le Nordez, à Dijon ; Turinaz, à Nancy ; Péchenard, à Soissons et bien d'autres encore.

Citons quelques-unes de ces fiches :

Montagnini à Merry del Val.

7 novembre 1905.

« J'ai vu hier Mgr Amette, qui arrivera à Rome vendredi pour rendre visite à Votre Eminence. Il est partisan de l'acceptation de la loi, il soutient l'article de Gayraud et il me disait qu'il avait parlé dans ce même sens à Mgr Richard. »

6 mai 1906.

« Mgr Amette est toujours pour les associations cultuelles. »

8 décembre 1906.

« Amette est mécontent qu'on ait réclamé l'avis du Cardinal et dit qu'à Rome tout se fait d'après le jugement de Richard. »

Mgr Amette (très attristé) à Merry del Val.

7 décembre 1906.

« Le coadjuteur très attristé que l'on ne fasse pas de déclaration qu'il regarde comme formalité sans importance, très ennuyé aussi qu'on ne sache quoi faire ni où aller.

« Le cardinal Richard et la réponse du Saint Père contre la déclaration.

« Evidemment le terrain de la lutte suggéré par les jurisconsultes — comme seul avantageux pour l'Eglise — ne plaît pas à Mgr le coadjuteur, dont l'opinion reste opposée à celle de l'archevêque. »

Mgr FUZET, archevêque de Rouen .

Montagnini à Merry del Val.

31 décembre 1904.

« Mgr Fuzet m'a envoyé, il y a quelque temps, un volume fait par lui, intitulé : *Le Grand Séminaire*. Je suppose qu'il vous l'a également transmis. Je me bornerai donc à vous dire que, commentant le Concile de Trente et faisant de nombreuses citations pontificales ou d'autres personnes éminentes, il espère justifier et donner un sauf-conduit à toutes les règles qu'il établit pour le grand Séminaire. Mais, néanmoins, on sent percer son autoritarisme, son esprit hostile pour les sulpiciens et je dirai presque un intérêt spécial d'obtenir un clergé plus ignorant qu'instruit pour les temps dont il parle. Il me semble aussi que certaines pratiques extérieures sont exagérées, tandis que d'autres indiquent un relâchement dans l'éducation spirituelle.

« Il me semble, enfin que ce prélat ne tient pas compte de plusieurs dispositions du Saint-Siège.

« Dans tous les cas, je conserve ce volume, que je tiens à votre disposition.

« Mais si Fuzet a eu soin de m'envoyer ce volume, il s'est bien gardé, par contre, de me faire parvenir sa *lettre récente sur l'intervention du prêtre dans la politique et la dénonciation du Concordat*. L'écho de la mauvaise impression de cette lettre m'étant parvenu, je me suis mis en mesure de me la procurer et, l'ayant lue attentivement, je dois déclarer le langage qu'il a employé, *langage que l'on trouve plutôt dans la bouche de Jaurès ou d'un ennemi de l'Eglise.*

« La manière de voir de M. Fuzet n'est pas la même que celle de l'archevêque de Périgueux, ni non plus celle de l'évêque de Nancy. *Elle tend absolument à empêcher que le clergé exerce son droit d'électeur ou qu'il s'ingère de n'importe quelle façon dans les élections*, laissant les mains libres au Pouvoir qui, de nos jours, est synonyme de persécution catholique.

« On sait aussi que lorsque Fuzet était évêque de Beauvais, il renvoyait du séminaire les ecclésiastiques qui avaient pris part aux élections.

« Un très bon évêque me disait, relativement à la lettre, de M. Fuzet, que ce dernier était le porte-parole du Gouvernement et qu'un pareil document ne pourrait subsister sans que le Saint-Siège me fit des remontrances. »

Montagnini à S. E. le cardinal della Volpe, économe de l'Economat pour la propagande de la Foi, Rome.

10 janvier 1905.

« L'archevêque de Rouen n'envoie plus depuis deux ans au comité français de Terre Sainte de Paris la quête habituelle, et cela, malgré les réclamations répétées faites auprès de Mgr Fuzet. Il paraîtrait que Mgr l'archevêque s'abstiendrait de cet envoi parce que ce Comité n'est pas approuvé par le Gouvernement. »

Montagnini à del Val.

10 novembre 1905.

« Réunion d'hier chez le cardinal Richard. L'archevêque de Rouen, *lui-même*, très déférent, a protesté de sa pleine et prompte obéissance au Saint-Siège. »

Montagnini à del Val.

26 octobre 1906.

« A son conseiller Lefebvre, Rouen se plaint parce que l'on ne sait que faire. »

Le cardinal Merry del Val à M. Montagnini.

8 décembre 1906.

« Un paroissien Toulouse télégraphie évêque a fait déclaration. Priez archevêque Paris communiquer immédiatement à archevêque Toulouse que Sa Sainteté n'autorise pas les déclarations et qu'il désire l'uniformité dans l'épiscopat. »

Mgr LUCON, archevêque de Reims.

Merry del Val à Montagnini.

(Sans date.)

« D'après les renseignements particuliers reçus, on a su que le cardinal Richard ne verrait pas d'un bon œil le transfert de Mgr Luçon quoiqu'il soit le premier désigné sur la liste.

« Que votre Seigneurie se rende immédiatement à l'archevêché de Paris et lui demande si les renseignements sont exacts. »

Mgr MIGNOT, archevêque d'Albi.

(*Très confidentielle.*)

Del Val à Montagnini.

27 février 1906.

« Deux mots seulement dans la plus grande confidence. J'ai reçu la lettre du cardinal Richard au sujet de la prochaine assemblée.

« Son Eminence me dit qu'en se tenant aux instructions, il a choisi les membres de la commission préparatoire parmi les évêques des deux tendances, et que ça va bien.

« Le choix de l'archevêque d'Albi me préoccupe un peu parce que je connais ses idées et celles des personnes qui, en France, en Angleterre, et ailleurs, forment un groupe qui se rapproche beaucoup de Loisy. »

Montagnini à del Val.

7 mars 1906.

« Albi agite près d'Orléans et des nouveaux évêques pour être rapporteur. »

Mgr FULBERT PETIT, archevêque de Besançon.

Montagnini à Merry del Val.

Chamonix, 17 septembre 1906

« J'ai vu l'évêque de Troyes qui est tout à fait satisfait de l'assemblée épiscopale. »

« Selon lui, l'archevêque de Besançon travaillait en-dessous et continuait à mener la campagne pour faire entrer le Saint-Siège dans les accommodements. »

Mgr de BONFILS, évêque du Mans.

Montagnini à Merry del Val.

(Sans date.)

« L'évêque du Mans a acheté une villa dans son diocèse en vue de la Séparation. »

Mgr BOUQUET, évêque de Chartres.

Montagnini à Merry del Val.

7 juin 1906.

« Attitude des évêques et de Mgr Richard pendant l'assemblée. Tarentaise et Bouquet ont une attitude irrévérencieuse, à l'égard de Richard ; rappelé à l'ordre par l'évêque de Perpignan.

« Eux deux seuls applaudirent quand la majorité se prononça·

« On désire que le Pape soit mis au courant. »

Mgr de BRIEY, évêque de Meaux.

Merry del Val à Montagnini.

(Sans date.)

« Mgr le sous-dataire a demandé au S. P. de vouloir conférer la croix de Saint-Grégoire le Grand au comte Guy de Puy-Fontaine, qui doit épouser une fille du comte d'Avricourt. S. S. avant d'adhérer à une telle requête voudrait connaître l'avis de l'évêque dont dépend l'intéressé. Celui-ci est lieutenant de hussards à Meaux. Mais il *semble difficile que l'évêque de Meaux* puisse donner des renseignements sur un militaire qui n'a pas sa résidence fixe dans son diocèse et d'ailleurs Mgr Spolverini ignore le diocèse d'origine de l'officier.

« Cependant, puisque celui-ci a été l'élève des Jésuites d'abord rue de Madrid, 7, puis rue des Postes, S. S. veut que votre S. se procure des renseignements sûrs, mais confidentiels, sur le comte de Puy-Fontaine dans l'un des collèges sus-indiqués. On pourra vous dire à quel diocèse il appartient. Si les renseignements des Jésuites de la rue de Madrid n'étaient pas suffisamment certains, l'intention du S. P. serait que vous vous adressiez à l'évêque diocésain, *à moins que n'ayant pas une confiance en cet évêque*, les circonstances actuelles ne vous suggèrent de vous abstenir de faire une demande directe.

« De toute façon, vous voudrez me fournir tout ce que vous pourrez recueillir sur l'officier en question. »

Mgr LE NORDEZ, évêque de Dijon.

Montagnini à Merry del Val.

5 août 1904.

« Le vicaire général de Paris même et puis d'autres prêtres zélés de Paris m'ont fait savoir à propos de l'évêque de Dijon leur crainte que la soumission de celui-ci ne soit pas tout à fait sincère et complète, et qu'en raison de cela le Saint-Siège devra prendre toutes les précautions nécessaires dans ce cas. »

Montagnini à Merry del Val.

20 janvier 1905.

« Il m'apparut toutefois opportun de faire connaître au S. S. le document que Le Nordez avait envoyé à   . J'ai cherché le moyen de me le procurer à la rédaction de ce journal qui, heureusement, en avait fait faire une copie que je vous transmets ci-jointe. »

Mgr LOBBEDEY, évêque de Moulins.

Montagnini à Merry del Val.

(Sans date.)

« Mgr Lobbedey, que l'archevêque de Cambrai réclame comme co-adjuteur (et qui devait d'ailleurs être nommé) aurait eu un de ses frères « ramassé ivre-mort dans la rue, il y a peu de temps ». Un autre de ses frères, avec lequel il a rompu, « a ouvertement une conduite immorale ».

« Selon moi, écrit à Mgr Montagnini un de ses policiers, on pourrait se servir (pour enquêter sur Lobbedey) du chanoine Marquellier, directeur de la *Croix du Nord*, qui est très sérieux et peut aller partout sans éveiller de soupçons, ou mieux M. Villette, procureur des Lazaristes, rue de Sèvres, qui a été supérieur du petit séminaire de Cambrai et vicaire général et qui, maintenant, visiteur des filles de charité, peut aller partout sans étonner personne. »

Mgr PECHENARD, évêque de Soissons.

Montagnini à Merry del Val.

30 juillet 190.

« Mgr Péchenard semble montrer peu de bonne volonté envers les universités romaines et une sympathie pour les catholiques libéraux de Rome. »

LES PREMIERS EVEQUES DE PIE X

A Montagnini.

Rome, 24 janvier 1906.

« Monseigneur très apprécié,

« Recherchez dans vos archives avec la plus grande sollicitude si, parmi les prêtres indiqués ci-dessous, il n'y en aurait pas quelques-uns qui auraient été présentés par le Gouvernement pour un diocèse vacant et qui auraient été refusés par le Saint-Siège, et si vous avez quelques notes défavorables sur un ou plusieurs d'entre eux. Dans la négative, répondre télégraphiquement, dans l'affirmative, écrivez le plus tôt possible. »

PIERRE, archevêque de Césarée.

« Liste de 16 noms de curés, recteurs et chanoines. »

X , évêque de .

Merry del Val à Montagnini.

(Sans date.)

« Impossible la nomination comme évêque de dont Mme X... est toujours la maîtresse et qui est père. »

Merry del Val à Montagnini.

Castel-Gandolfo, 26 août 1906.

« A présent il faudrait que les journaux catholiques défendissent l'assertion du Pape contre les insinuations et les calomnies du *Temps*, qu'on doit attribuer, je crois, à *l'indiscrétion de quelque évêque pour ne pas dire plus.* »

Merry del Val à Montagnini. (Télégramme chiffré.)

Rome, 28 août 1906.

« Veuillez faire savoir à l'archevêque de Paris que le S. S. est profondément attristé de la *publication dans la presse, du secret* qui avait été imposé, sous de graves peines canoniques à tous les assistants de la dernière assemblée des évêques. Veuillez, au nom du S. P. prier le cardinal Richard de faire une enquête pour établir les responsabilités de connaître les origines des secrets, et cela *pour l'honneur de l'épiscopat.*

2° Fiches sur les Ecclésiastiques divers.

Mgr BATTIFOL, recteur de l'Institut Catholique de Toulouse.
Montagnini à Merry del Val.

25 septembre 1906.

« Battifol est coupable. »

Mgr GRAFFIN, professeur à l'Institut Catholique de Paris.
Montagnini à Merry del Val.

5 décembre 1906.

« Graffin mal vu, parce que Romain suspect et méprisé. Celui-ci dit que la piété est délaissée, parce que l'on demande de l'argent pour les fondations, puisque l'on les gaspille. »

M. ROBERT, vicaire général d'Avignon.

Note du Carnet.

Robert (Avignon.)

« Incapable, indiqué pour question un peu douteuse. N'est plus soutenu par son archevêque, qui lui a conseillé d'attendre à plus tard, le moment n'étant pas venu pour lui.

« Accusé d'être un espion du Gouvernement placé dans l'entourage de l'archevêque d'Avignon. Tous se méfient de lui. »

M. l'abbé GAYRAUD, député du Finistère.

Merry del Val à Montagnini.

3 septembre 1906.

« Il faudrait cependant faire comprendre à Gayraud qu'il ne devrait pas prendre des initiatives pour lesquelles il n'a reçu aucun mandat du S. S.

« Ce n'est pas à lui qu'il incombe d'écrire dans ce sens aux membres du Gouvernement. Son adhésion fit une bonne impression, mais je ne voudrais pas que, par la suite, il nous contraignit à le désavouer.

« La question est ingénue. On ne demande pas au Gouvernement de faire profession de foi.

« J'espère qu'après la réunion des évêques, je pourrai vous accorder quelque congé. Vous devez en avoir tant besoin, mon pauvre ami, mais *vous rendez tant de services à l'Eglise*, services absolument nécessaires en ce moment, **que je n'ose pas vous éloigner présentement de Paris**. »

M. l'abbé HARISPE, prêtre, 86, rue des Martyrs, Paris.
Lettre adressée à M. Montagnini et communiquée par lui à Mgr Lesur.

(Sans date.)

« Un sieur H   prêtre défroqué, a dit que vous aviez reçu 10.000 francs de Mgr Lesur en vue de la promotion de ce dernier à l'épiscopat. »

M. l'abbé LEMIRE, député du Nord.
Montagnini à Merry del Val.

11 janvier 1905.

« Dans le numéro de *l'Officiel* que je vous ai adressé, vous n'avez pas été sans remarquer les paroles à *demi païennes* prononcées par l'abbé Lemire au cours de la discussion sur le monopole des pompes funèbres.

« De nombreux laïques et quelques prêtres sont venus me manifester leur indignation à ce sujet. Et je sais que le comte de Mun a consulté un éminent religieux pour savoir si, avant de réfuter publiquement l'abbé Lemire, il devait d'abord avertir ce dernier. Ce n'est pas la première fois que l'abbé Lemire se livre à une *incartade* de ce genre, peut-être de bonne foi, mais certainement par esprit de *servisme vis-à-vis du Gouvernement* : il suffit de rappeler son vote lors des crédits pour le voyage de M. Loubet à Rome. Si l'autorité ecclésiastique dont il relève en pareil cas faisait parvenir des observations à *un pareil personnage*, peut-être celui-ci se raviserait-il. Piou me disait que dix à douze prêtres se présenteraient aux futures élections et que, sans aucun doute, ils seraient encore plus *mauvais*. »

M. l'abbé LOISY, professeur d'exégèse biblique.
Montagnini à Merry del Val.

14 octobre 1905.

« Il y a quelques jours, dans une réunion des principaux curés de Paris, on m'a dit qu'il se manifestait une certaine préoccupation au sujet de Loisy, qui continue... à faire du mal, et quelqu'un proposa de signaler cela au Saint-Siège, auquel on ajoute que le cardinal Richard a tout transmis. »

3° **Fiches sur les Hommes d'Etat et de Gouvernement.**

M. FALLIERES, président de la République.
Montagnini à Merry del Val.

(Sans date.)

« Fallières est malade. Il peut en avoir pour quatre ans, comme il peut durer. C'est un avare. Il est mal avec son cousin (l'évêque Fallières, de Saint-Brieuc). Sa femme est bien avec lui (avec l'évêque). »

M. le général ANDRE, ministre de la guerre.
Montagnini à Merry del Val.

2 novembre 1904.

« Si l'on ne peut réussir à faire tomber le cabinet entier, on fera tout ce que l'on pourra pour obliger André à partir. On prévoit pour vendredi prochain une séance tumultueuse. »

M. A. BRIAND, ministre des cultes, député.
Montagnini à Merry del Val.

20 juin 1906.

« Les combistes traitent Briand de traître. On dit que Briand et Bourgeois cherchent le moyen de reprendre les relations, mais c'est là une nouvelle façon d'induire en erreur. »

Montagnini à Merry del Val.

14 novembre 1906.

« Briand combat les deux (Viviani et Clémenceau), continue ses contradictions, et il faut s'y fier de moins en moins. »

M. CLEMENCEAU, président du Conseil, ministre de l'intérieur, sénateur.
Montagnini à Merry del Val.

(Sans date.)

« M. Clémenceau est très méchant, mais son secrétaire M. Sarraut est encore plus méchant. »

Montagnini à Merry del Val.

25 novembre 1906.

« Mouthon publiera dans *le Matin* : *Coulisses du Nationalisme*. La veuve Syveton se prête pour fournir mémoires. Clémenceau alimente toutes ces grossiéretés : aujourd'hui il dit et demain il dédit.

Montagnini à Merry del Val.

9 avril 1905.

« Pour me prouver, une fois de plus, tout ce qu'il est en train de faire dans les graves moments actuels, au sujet de la loi de Séparation, M. Piou ne s'est pas borné à me confirmer le travail qu'il continue à faire auprès de Leygues ; il m'a aussi raconté, sous le secret le plus absolu, que par l'intermédiaire d'une bonne dame américaine, il a pu s'entretenir deux ou trois fois avec Clémenceau ; étant demeuré pendant un déjeuner chez cette dame plus de deux heures avec Clémenceau lui-même, naturellement, il ne put pas proposer à celui-ci de faire abandonner la loi ; mais il réussit à le convaincre, et à lui expliquer tout le mal que l'on peut faire avec les associations cultuelles — de sorte qu'il espère que M. Clémenceau sera moins méchant pour nous au moment où cette discussion devra aller au Sénat.

« Au moyen de sommes d'argent, on pourrait peut-être, selon Piou, obtenir que Clémenceau soit disposé à ce qu'on laissat toutes les églises aux catholiques, et qu'il travaillat contre les associations cultuelles telles qu'elles sont proposées par la loi ; mais Piou m'a dit qu'il faudrait une somme trop forte. »

M. COMBES, sénateur, ancien président du Conseil.
Montagnini à Merry del Val.

(Sans date.)

« Le bon évêque de Grenoble était content d'avoir rencontré ce matin quelqu'un qui lui a dit que l'on allait faire tomber Combes. Combes et Dumay sont capables de tout. »

Montagnini à Merry del Val.

28 janvier 1905.

« On voit qu'il n'y a plus, à la tête du Gouvernement, un sectaire comme Combes. »

Montagnini à Merry del Val.

19 février 1906.

« Rouvier ajoute : « J'ai dit à Combes, en plein Conseil des ministres, qu'il faisait la guerre au Pape plus vainement que jamais, car celui-ci n'ayant plus de pouvoir temporel, on ne pourrait pas envoyer une flotte à Civita-Vecchia pour le faire céder : le Pape aura donc toujours le dernier mot, c'est-à-dire qu'il finira par triompher sur cette question religieuse. »

M. CONSTANS, ambassadeur à Constantinople.
Montagnini à Merry del Val.

23 février 1905.

« Constans avec Rouvier et Etienne sont trois têtes sous le même bonnet. Ils sont liés les uns aux autres par des faits plus ou moins honorables survenus au cours de leur carrière. Ils ont dormi sous les ponts : ils se disent « tu » et, actuellement, aussi, ils continuent à entretenir les rapports les plus amicaux. »

M. CRUPPI, député.
Montagnini à Merry del Val.

(Sans date.)

« Il y a un homme dont l'action est néfaste pour nous et qui est un franc-maçon militant : M. Cruppi qui à côté, fait tout le mal possible. C'est un catholique ! ! ! qui a épousé la fille d'un juif, Crémieux, fils du Crémieux de 1848. »

M. DELCASSE, député, ancien ministre des Affaires étrangères.
Montagnini à Merry del Val.

12 novembre 1904.

Confidentiel.

« Donc, le moment est venu, la campagne reprendra contre Pelletan et Delcassé.

« Au sujet de ce dernier, il paraît que l'on pourra exhiber la correspondance de Barrère avec le Grand-Orient, avec lequel fut décidé le voyage de Loubet à Rome comme conduisant à la rupture avec le Saint-Siège ; par suite, on sortira une autre lettre de Delcassé, lequel, au début, ne se montrait pas partisan d'un tel voyage, mais qui en reçut ensuite l'ordre honteux par le Grand-Orient.

« La publication de tels documents sera assez honteuse, mais elle sera aussi une justification pour le Saint-Siège. De toute façon, je vous supplie de n'en parler qu'au S. P., si vous le jugez utile, car on m'a imposé le secret le plus absolu. Si ce secret transpirait, les personnes qui détiennent ces documents pourraient risquer leur vie. »

M. DESCHANEL, député, ancien Président de la Chambre.
Montagnini à Merry del Val.

22 octobre 1904.

« Le discours de Deschanel (sur la Séparation) que personne n'attendait, est un grand service rendu à Combes et à sa cause, et c'est aussi une utopie... Jaurès s'approcha de Deschanel et lui dit : « Nous tiendrons compte de votre discours. »

M. DOUMER, député, ancien Président de la Chambre.
Montagnini à Merry del Val.

25 février 1905.

« Il (M. Doumer) s'unit aux dissidents du « bloc » et, se rapprochant discrètement des progressistes et de la droite, il réussit à se faire élire président de la Chambre. On sait maintenant qu'il travaille plus que jamais pour succéder à Loubet. *Il ne se préoccupe pas de sa présidence à la Chambre, mais de rendez-vous politiques à six heures du matin, de gagner les nôtres en n'hésitant pas à faire des promesses.*

Montagnini à Merry del Val.

24 mars 1905.

« Mais cela ne suffit pas ; on manœuvrera aussi auprès de Doumer, qui aspire à la présidence de la République *et fait risette aux nôtres*, jusqu'à envoyer son secrétaire faire partie de *l'Action libérale populaire*. »

Montagnini à Merry del Val.

19 février 1906.

« On sait que Doumer a de nombreuses dettes et qu'il travaille pour arriver au pouvoir afin de liquider sa situation financière. »

M. LEYGUES, député, ancien ministre.

Montagnini à Merry del Val.

24 mars 1905.

« Sur les élections. Ribot parlera aussi à Leygues : mais Piou dispose d'autres moyens auprès de Leygues. Il sait que ce dernier a 300.000 francs de dettes et que sa réélection dans le Lot-et-Garonne est menacée par un candidat de *l'Action libérale*. »

M. POINCARE, sénateur, ancien ministre.

Montagnini à Merry del Val.

17 février 1905.

« Poincaré a dit, au cours d'un dîner, que le Concordat était devenu inapplicable ; que la majorité ne voulait plus en entendre parler, cela a soulevé des protestations des dames présentes, entre autres celle de Mme Combarieu, femme du secrétaire de la présidence de la République. »

M. SARRIEN, député, ancien président du Conseil.

Montagnini à Merry del Val.

12 mars 1906.

« Ministère Sarrien ? M. Fallières aurait dit : « Nommé par le Bloc, je lui dois une satisfaction ; c'est pourquoi je prends Sarrien pour former le ministère. Sarrien ne résistera pas ; il tombera sur la combinaison des inventaires, malgré l'appui de Jaurès, Pressensé, qui, à leur tour, ont perdu toute influence à la suite de la campagne antimilitariste. » Alors, a ajouté Fallières, je reprendrai ma liberté. Thomson et Etienne resteront.

Fiches sur les Catholiques et divers.

M. BADENOT (Pas-de-Calais).

Montagnini à Monseigneur l'évêque d'Arras.

27 octobre 1904.

« On demande des renseignements sur M. Badenot qui sollicite une décoration. »

M. Jean de BONNEFOND, écrivain et publiciste.

Montagnini à Merry del Val.

(Sans date.)

« Pour accroître son activité et ses efforts, M. *Piou* et son Comité vont faire des conférences, cherchant à fonder des journaux ou à en acheter d'autres, et, il y a deux jours, a été conclu *le traité d'achat de l'Eclair*, pour lequel il manquait au dernier moment 35.000 francs, qui furent versés par *Piou* lui-même.

« Ce journal a toujours beaucoup plus d'influence et pour qu'il n'en perde pas, on va faire le possible pour tenir secrète la nouvelle [illegible]on sociale, mais on commencera par licencier *Bonnefond*, et aussi *Ledrain* prêtre apostat. »

M. LEFAS, député.

Note du Carnet.

« Lafas, député de Fougères, catholique pratiquant.

« Libéral ambitieux. A été peu opposé à la Séparation ; il faisait partie de la commission.

« Homme de peu de valeur, très démocrate.

« Ami de Le Hérissé et de Surcouf, députés radicaux.

« Est pourtant rejeté par *l'Ouest-Eclair* parce qu'il ne va pas assez loin, dit-on. »

M. PLICHON, député.

Montagnini à Merry del Val.

(Sans date.)

« Plichon, c'est un ami de Rouvier. Il a avec lui des affaires d'intérêt. »

Contre M. ROUVIER et ses amis.

Merry del Val à Montagnini.

« Au sujet de l'attitude à prendre :

« J'ai reçu votre rapport 169, en même temps que la déclaration du très bon Pichon.

« Si Rouvier veut rétablir les relations diplomatiques, nous sommes prêts. Ils sont préoccupés.

« Par Denys Cochin, ils nous font présenter leurs doléances, tandis qu'officiellement ils méprisent le Saint-Siège. Que signifie ce double jeu ?

« *Je suis très content de votre zèle intelligent et de votre esprit de sacrifice : je le suis également de votre prudence.*

« **Tâchez d'écouter beaucoup, de me rendre compte de tout et de parler peu.** »

M. Marc SANGNIER, directeur du *Sillon*.

Montagnini à Merry del Val.

30 août 1904.

« Il est notoire que *le Sillon* fait la guerre à *la Jeunesse catholique*, dont l'avocat Bazire est président, et qui est tout favorable à *l'Action libérale populaire*. Dans le manifeste du *Sillon*, il est fait mention des paroles du S. P. à Marc Sangnier, le désignant aux catholiques comme un chef et comme un guide. Ce Marc Sangnier se révèle comme un ambitieux vulgaire, alors qu'il déclare lui-même qu'il vise à la députation. Les adhérents du *Sillon* ont été pour la plus grande partie recrutée par des moyens pécuniaires dont dispose Marc Sangnier. Celui-ci fonde là-dessus ses espérances et comptent que tous lui obéiront et travailleront pour lui. Il n'existe point d'œuvres constituées par *le Sillon*, ni coopératives, ni aucune espèce d'œuvre d'assistance catholique sociale. J'ai cru de mon devoir de vous faire connaître cette situation, d'abord pour tenir V. E. au courant de ce qui se passe, puis si l'occasion se présente, afin que vous soyez à même d'agir sur ces gens-là et de les ramener, si possible, dans la bonne voie, pour le plus grand bien de notre cause.

Montagnini à Merry del Val.

30 novembre 1904.

« Quelques catholiques et quelques prêtres que j'ai vus m'ont exprimé leur étonnement de voir que Marc Sangnier retourne déjà de nouveau à Rome et surtout comme invité aux fêtes de Marie. Ils craignent que ce personnage, qui se vante déjà trop de ses invitations, ne se prévale encore davantage du bienveillant accueil qui lui sera fait, et cela sans aucune observation. Ces mêmes personnes m'ont rapporté que le même Sangnier dit ou laisse dire qu'il porte à Rome des présents ; mais, sur ce point, j'ai répondu que, si cela est vrai, tous devraient l'imiter pour l'exemple, le S. S. ayant toujours plus besoin de l'aide des fidèles, surtout avce les projets qu'il a pour l'avenir. (? ! ?)

« Les mêmes personnes m'ont dit encore bien d'autres choses étranges, qu'elles m'assurent avoir été dites par Marc Sangnier. Il aurait laissé entendre qu'il ne croyait pas à l'enfer et s'inspirerait, en matière théologique, de certains alliés démocrates en vue ici. »

Merry del Val à Montagnini.

« Faites savoir à Marc Sangnier que le blâme de *l'Osservatore Romano* à propos des attaques contre *l'Action libérale populaire* et *la Jeunsees catholiquc francaise* a été publié à la demande de Sa Sainteté Pie X. »

LE TEMPS.

Montagnini à Merry del Val.

7 juin 1906.

« L'article S. C. que *le Temps* a publié sur *la Croix*. Le directeur du *Temps* a dit à Denys Cochin qu'il émanait d'un prêtre, ami de Loisy, et très expert en exégèse.

« Briand a dit qu'il était content de cette trahison, parce qu'elle permettait de se compter. »

***

Le dossier saisi comprenait le protocole général des actes de la nonciature, deux clefs de chiffres, les pièces postérieures au départ de M. Lorenzelli, les livres d'administration et du denier de Saint-Pierre, le carnet ou agenda de M. Montagnini, plus de 1.300 cartes empilées dans des boîtes à cigares, en tout 3.032 pièces.

La prise de bonne guerre était riche, et l'on comprend mieux les plaintes à ce sujet du Pape aux puissances en relations diplomatiques avec lui, que l'imprudence de l'agent romain à ne pas assurer ses munitions de combat.

L'instruction judiciaire retint environ 1.600 pièces sur lesquelles 1.502 furent traduites de l'italien.

On crut pendant quelque temps que les pièces n'auraient pas été produites. Les uns disaient « le Gouvernement est déçu ; il n'a rien trouvé ». D'autres jouant le grand rôle des informés avançaient ceci : « le ministère est embarrassé par certaines pièces ; il a peur ».

C'est le dimanche 31 mars 1907, que *le Figaro* commença la publications que les amis de M. Montagnini trouvaient si tardive, avec l'analyse complète des dossiers. Toute la presse de Paris s'en mêla immédiatement et pendant quinze jours, chaque matin *l'Autorité, la Petite République, le Matin, Messidor, l'Humanité, le Radical, le Journal*, apportèrent leur lot de documents.

Je pourrais encore citer de nombreux extraits des correspondances échangées entre les représentants du Pape à Paris et les Jésuites du Vatican ; ceux que j'ai donnés suffiront à l'édification de mes lecteurs. Ils ont tous compris que la demeure de l'agent diplomatique du Pape à Paris est un foyer d'intrigues et de corruption.

Si le Pape désirait la reprise des relations avec la France, nos politiciens ne la désiraient pas moins. La manne... céleste leur faisait défaut depuis la rupture : politiciens et jésuites sont faits pour s'entendre. Avec un représentant de Rome à Paris, les marchandages, les tractations vont reprendre de plus belle et refleuriront à nouveau pour le plus grand profit des hommes au Pouvoir et des politiciens dont le vote peut toujours s'acheter moyennant finance, comme nous l'avons vu.

D'après nos dirigeants, il faut une surveillance constante sur toutes les intrigues ourdies au Vatican. J'estime qu'il serait mieux de n'y prendre aucune part et de se contenter de mettre hors de France, Jésuites, Congrégations, mouchards vivant en parasites dans notre pays appauvri.

Le prêtre sincère, le catholique pratiquant peuvent parfaitement se passer de tous ces intrigants, l'un pour dire ses offices, l'autre pour y assister. Ce ne sont pas eux qui nous dérangent, mais c'est cette organisation ténébreuse de bandits internationaux, de hauts prélats qui, sous le couvert de la religion sont capables de tous les crimes et disposent des Gouvernements et des peuples.

***

Je disais plus haut que je reviendrai sur la rupture des rapports entre la France et le Vatican. Il faut savoir que le Pape a toujours protesté contre cette rupture, à peine la Séparation des Eglises et de l'Etat était-elle un fait accompli que les Jésuites ont entrepris un travail, qu'ils ont du reste mené à bonne fin, pour que la France redevienne la Fille aînée de l'Eglise. Ils n'ont pour cela rien négligé l'avènement à la Présidence de la République de Poincaré a été leur œuvre capitale.

Il serait trop long de rappeler les incidents qui ont eu lieu à cette époque et les intrigues qui ont eu pour conséquence l'abandon progressif de la politique républicaine pour arriver au triomphe à peine dissimulé de la droite et du nationalisme.

Telle fut en 1912 l'œuvre de la politique de Briand, Poincaré,

Millerand, Barthou et consorts. Avec ces politiciens, hommes dévoués aux Jésuites, c'était l'abandon de toutes les lois de laïcité et la guerre, au besoin, pour détruire toute idée émancipatrice, et de fait c'est ce que nous avons eue.

Il est bon toutefois de faire connaître à mes lecteurs les espérances catholiques à ce moment ; elles n'étaient plus dissimulées. C'est au grand jour, dans les revues et les journaux que, saluant l'arrivée au Pouvoir des hommes des Jésuites, les catholiques insistaient pour reprendre au plus tôt les rapports avec Rome.

Je me contenterai de citer à ce sujet quelques extraits d'articles que je trouve dans *la Revue des institutions cultuelles* d'octobre 1913.

Déjà un certain nombre de radicaux avaient été pressentis, et plusieurs, pour des motifs dont on se doute, s'étaient nettement déclarés en faveur de cette reprise.

Les catholiques avaient obtenu que les aumôniers militaires reprennent leur poste, première abdication du pouvoir civil.

Voici comment cette Revue termine son article sur le sujet qui nous occupe :

« En résumé, la question de l'aumônerie militaire a fait, au cours de l'année 1913, un pas en avant. Pas, bien timide certes, et bien insuffisant, et nous sommes encore loin, sur ce point comme sur bien d'autres, de l'apaisement religieux si justement désiré par tous les vrais amis de la France. Le personnel gouvernemental semble hypnotisé par le péril clérical qui mettrait la République en danger et bien plus préoccupé des intérêts de la République que ceux de la France. Vainement les avertissements se multiplient, venant d'hommes dont les opinions républicaines et non religieuses sont indéniables, mais qui, au point de vue extérieur notamment, constatent la perte par la France de son prestige et de son influence séculaire. L'anticléricalisme est la plus intolérante des doctrines : périsse le pays plutôt que le principe antireligieux. Mais une telle situation ne peut pas, et ne doit pas durer. Que les catholiques français et les vrais Français de France y réfléchissent un peu et prennent la décision virile de formuler et *au besoin d'imposer leurs justes revendications.* Au lieu de se montrer troublés par les déclarations antireligieuses des ministres, qu'ils leur opposent pacifiquement leurs volontés contraires nettement manifestées. Un jour viendra bientôt, s'ils sont unis énergiquement déterminés, où satisfaction leur sera donnée. Pour le plus grand bien de la France, les relations seront reprises par elle avec Rome. Si la réorganisation des aumôniers doit être l'aurore de ce jour-là, il faut la saluer avec joie, tout imparfaite qu'elle soit, car elle annonce le relèvement national. »

Puis, plus loin, sous le titre *La France et le Saint-Siège*, la même Revue publie un long article où tous les hommes politiques assagis à l'idée d'une reprise des relations avec le Vatican font connaître leur opinion, et cela à propos d'un article de *l'Homme libre* dans lequel M. Clémenceau avait écrit qu'il y avait à cet égard *des espérances* à droite, et des *complicités* à gauche.

Le Temps, dans son numéro du 25 août 1913 commentait l'opinion émise par M. Clémenceau et terminait son article comme suit :

« Pour entreprendre des conversations même sur des points secondaires, il faut une atmosphère de bonne foi et de confiance qui n'existe pas et qui ne peut pas exister pour le moment entre Rome et Paris. Il faudrait aussi que l'on ne put pas soupçonner, de part et d'autre, une arrière pensée de victoire ou de revanche. Nous n'en sommes pas là. Certains peuvent regretter que nous n'en soyons pas là. Mais c'est ainsi.

« Rien n'autorise donc les adversaires du Gouvernement à parler de « conversations dans la coulisse » qui prépareraient le rétablissement des relations diplomatiques entre la République et le Saint-Siège. Voilà pourtant plusieurs fois que M. Clémenceau lance des insinuations sur ce sujet. Il promet des révélations. On les attend. On pourra longtemps les attendre. Car où il n'y a rien, il n'y a rien à révéler ».

Cette déclaration, un peu décourageante pour les catholiques appelait une réponse ; M. de Mun, dans *l'Echo de Paris* relevait l'article du *Temps* en ces termes :

« *Le Temps* assure que la question de la reprise des relations avec le Vatican n'est pas posée. Au Conseil des ministres, je n'en doute pas, mais devant la France c'est une autre affaire.

« Il y a trois ans qu'Aynard la posait à la tribune, sans soulever de protestation. Au Sénat, l'année dernière, à propos des crédits pour le Maroc, M. Jenouvrier l'a soulevé devant M. Clémenceau lui-même. Un peu plus tôt, dans *la Revue des institutions cultuelles*, un républicain, M. Georges Lagresille, adressait à M. Poincaré, son ami, alors ministre des Affaires étrangères, une lettre ouverte qui fit le tour de la presse, et dans laquelle il citait une parole de M. Loubet, président de la République, lui disant à lui-même « qu'avant quelques années, on serait obligé, dans l'intérêt de l'Etat, de renouer des relations avec Rome, pour négocier un Concordat de Séparation. M. Loubet ! ! ! M. Clémenceau n'a pas oublié le célèbre : « Je vote pour Loubet ! »

Ainsi la question est posée devant le pays, et elle se pose chaque jour avec plus de force, sous la forme que voici : « Il s'agit de savoir si la France, seule entre les nations, doit rester dans la position d'infériorité où la place, dans toutes les questions de politique extérieure, sa rupture avec le Saint-Siège ».

Suivant de longues considérations du député académicien, porte-paroles des catholiques pour chercher à démontrer la faute commise par nos gouvernants de la rupture des relations avec Rome.

Enfin, un député radical, M. François Deloncle, déjà converti à la reprise publiait un article dans *Paris-Journal* du 18 septembre. Il faisait vibrer la corde patriotique et tentait de démontrer que chaque jour la France perdait de son influence séculaire en Autriche, en Asie Mineure, en Syrie, aux Iles, en Egypte, en Abyssinie, aux Indes, en Chine, au Brésil, en Argentine, par suite de notre entêtement inexplicable à ne pas vouloir causer avec le Saint-Siège. Et ce fameux radical ajoutait que de très nombreux collègues républicains, radicaux approuvaient déjà de leur adhésion et demain de leur vote la campagne qu'il avait entreprise, et il certifiait que l'heure venue, ils seraient en majorité.

De son côté, M. Gabriel Hanotaux, ancien ministre républicain des Affaires étrangères, se faisait également dans *la Revue Hebdomadaire* de porte-voix des catholiques et concluait à la nécessité du rétablissement des relations diplomatiques entre la France, et le Saint-Siège.

Et pendant ce temps, *l'Osservatore Romano*, l'organe des Jésuites à Rome, faisait chorus, et signalait à ses lecteurs et au monde catholique l'intérêt particulier et la valeur éminemment instructive qu'avaient ces commentaires et ces polémiques.

Comme les lecteurs pourront le juger par cet exposé, ce n'est pas d'aujourd'hui que les Jésuites se sont préoccupés de la question d'un rapprochement avec le Vatican : en intrigants qu'ils sont, ils ont préparé la chose de longue main. Ils connaissent la faiblesse des hommes : aux uns les honneurs et les dignités, aux autres, l'argent, et rien n'a été épargné pour arriver au but qu'ils se proposaient.

Ils y sont arrivés et personne ne saura jamais le nombre considérable de millions qu'il a fallu pour séduire les consciences et faire marcher la presse dans l'entreprise.

Avoir maintenant leurs *hommes* à Paris, se passer d'intermédiaires pour acheter les politiciens et organiser le groupe qui devra talonner les maîtres du Pouvoir, c'est une grande victoire pour l'ordre des Jésuites qui a organisé et mené à bonne fin la campagne. Nous comprenons qu'ils triomphent bruyamment, et il n'y a du reste qu'une opposition bien faible à leurs projets.

Le premier point et le plus difficile de leur programme étant obtenu, nous allons les voir à l'œuvre pour poursuivre la réalisation des trois autres :

1° Chaque confession religieuse pourra *posséder* légalement au grand jour ;

2° Une part du budget sera attribuée aux écoles libres et *confessionnelles*.

3° Les associations religieuses pourront constituer légalement et acquérir un « patrimoine corporatif ».

Les catholiques vont donc achever l'œuvre de cléricalisation de la France qu'ils ont entreprise et poursuivie à la faveur de la guerre.

Et maintenant que ceux de nos amis qui croient que le « Péril Noir » n'est pas une réalité le disent.

Quant à nous, nous continuerons sans nous lasser, à dénoncer toutes les intrigues et tous les crimes commis dans le passé par l'Eglise et ses prêtres et qu'ils commettent encore journellement dans le monde entier.

Léon PROUVOST.

www.ingramcontent.com/pod-product-compliance
Ingram Content Group UK Ltd.
Pitfield, Milton Keynes, MK11 3LW, UK
UKHW020233180726
13838UKWH00005B/2356

9 782329 173054